PREFACIO

La colección de guías de conversación para viajar "Todo irá bien" publicada por T&P Books está diseñada para personas que viajan al extranjero para turismo y negocios. Las guías contienen lo más importante - los elementos esenciales para una comunicación básica.Éste es un conjunto de frases imprescindibles para "sobrevivir" mientras está en el extranjero.

Esta guía de conversación le ayudará en la mayoría de los casos donde usted necesite pedir algo, conseguir direcciones, saber cuánto cuesta algo, etc. Puede también resolver situaciones difíciles de la comunicación donde los gestos no pueden ayudar.

Este libro contiene muchas frases que han sido agrupadas según los temas más relevantes.También encontrará un mini diccionario con palabras útiles - números, hora, calendario, colores…

Llévese la guía de conversación "Todo irá bien" en el camino y tendrá una insustituible compañera de viaje que le ayudará a salir de cualquier situación y le enseñará a no temer hablar con extranjeros.

TABLA DE CONTENIDOS

T&P Books Publishing

T&P Books Publishing

GUÍA DE CONVERSACIÓN INGLÉS

LAS PALABRAS Y LAS FRASES MÁS ÚTILES

Esta Guía de Conversación contiene las frases y las preguntas más comunes necesitadas para una comunicación básica con extranjeros

Andrey Taranov

T&P BOOKS

Guía de conversación + diccionario de 250 palabras

Guía de conversación Español-Inglés y mini diccionario de 250 palabras

por Andrey Taranov

La colección de guías de conversación para viajar "Todo irá bien" publicada por T&P Books está diseñada para personas que viajan al extranjero para turismo y negocios. Las guías contienen lo más importante - los elementos esenciales para una comunicación básica. Éste es un conjunto de frases imprescindibles para "sobrevivir" mientras está en el extranjero.

También encontrará un mini diccionario con 250 palabras útiles necesarias para la comunicación diaria - los nombres de los meses y de los días de la semana, medidas, miembros de la familia, y más.

T&P Books Publishing
www.tpbooks.com

ISBN: 978-1-78492-617-5

Este libro está disponible en formato electrónico o de E-Book también.
Visite www.tpbooks.com o las librerías electrónicas más destacadas en la Red.

PRONUNCIACIÓN

La letra	Ejemplo inglés americano	T&P alfabeto fonético	Ejemplo español

Las vocales

a	age	[eɪ]	béisbol
a	bag	[æ]	vencer
a	car	[ɑ:]	arado
a	care	[eə]	idea
e	meat	[i:]	destino
e	pen	[e]	verano
e	verb	[ɜ]	suelo
e	here	[ɪə]	Aries
i	life	[aj]	paisaje
i	sick	[ɪ]	abismo
i	girl	[ø]	alemán - Hölle
i	fire	[ajə]	callejón
o	rose	[əʊ]	terapeuta
o	shop	[ɒ]	paralelo
o	sport	[ɔ:]	pollo
o	ore	[ɔ:]	pollo
u	to include	[u:]	jugador
u	sun	[ʌ]	¡Basta!
u	church	[ɜ]	suelo
u	pure	[ʊə]	huerta
y	to cry	[aj]	paisaje
y	system	[ɪ]	abismo
y	Lyre	[ajə]	callejón
y	party	[ɪ]	abismo

Las consonantes

b	bar	[b]	en barco
c	city	[s]	salva
c	clay	[k]	charco
d	day	[d]	desierto
f	face	[f]	golf
g	geography	[dʒ]	jazz

La letra	Ejemplo inglés americano	T&P alfabeto fonético	Ejemplo español
g	glue	[g]	jugada
h	home	[h]	registro
j	joke	[dʒ]	jazz
k	king	[k]	charco
l	love	[l]	lira
m	milk	[m]	nombre
n	nose	[n]	número
p	pencil	[p]	precio
q	queen	[k]	charco
r	rose	[r]	era, alfombra
s	sleep	[s]	salva
s	please	[z]	desde
s	pleasure	[ʒ]	adyacente
t	table	[t]	torre
v	velvet	[v]	travieso
w	winter	[w]	acuerdo
x	ox	[ks]	taxi
x	exam	[gz]	inglés - exam
z	azure	[ʒ]	adyacente
z	zebra	[z]	desde

Las combinaciones de letras

ch	China	[tʃ]	mapache
ch	chemistry	[k]	charco
ch	machine	[ʃ]	shopping
sh	ship	[ʃ]	shopping
th	weather	[ð]	alud
th	tooth	[θ]	pinzas
ph	telephone	[f]	golf
ck	black	[k]	charco
ng	ring	[ŋ]	manga
ng	English	[ŋ]	manga
wh	white	[w]	acuerdo
wh	whole	[h]	registro
wr	wrong	[r]	era, alfombra
gh	enough	[f]	golf
gh	sign	[n]	número
kn	knife	[n]	número
qu	question	[kv]	Kuala Lumpur
tch	catch	[tʃ]	mapache
oo+k	book	[ʊ]	pulpo
oo+r	door	[ɔ:]	pollo
ee	tree	[i:]	destino
ou	house	[aʊ]	autobús
ou+r	our	[aʊə]	cacahuete

La letra	Ejemplo inglés americano	T&P alfabeto fonético	Ejemplo español
ay	today	[eɪ]	béisbol
ey	they	[eɪ]	béisbol

LISTA DE ABREVIATURAS

Abreviatura en español

adj	-	adjetivo
adv	-	adverbio
anim.	-	animado
conj	-	conjunción
etc.	-	etcétera
f	-	sustantivo femenino
f pl	-	femenino plural
fam.	-	uso familiar
fem.	-	femenino
form.	-	uso formal
inanim.	-	inanimado
innum.	-	innumerable
m	-	sustantivo masculino
m pl	-	masculino plural
m, f	-	masculino, femenino
masc.	-	masculino
mat	-	matemáticas
mil.	-	militar
num.	-	numerable
p.ej.	-	por ejemplo
pl	-	plural
pron	-	pronombre
sg	-	singular
v aux	-	verbo auxiliar
vi	-	verbo intransitivo
vi, vt	-	verbo intransitivo, verbo transitivo
vr	-	verbo reflexivo
vt	-	verbo transitivo

Abreviatura en inglés americano

v aux	-	verbo auxiliar
vi	-	verbo intransitivo
vi, vt	-	verbo intransitivo, verbo transitivo
vt	-	verbo transitivo

T&P BOOKS

GUÍA DE
CONVERSACIÓN
INGLÉS

Esta sección contiene frases
importantes que pueden
resultar útiles en varias
situaciones de la vida real.
La Guía le ayudará a pedir
direcciones, aclaración
sobre precio, comprar billetes,
y pedir alimentos en un
restaurante

T&P Books Publishing

CONTENIDO DE LA GUÍA DE CONVERSACIÓN

T&P Books Publishing

Perdone, …	**Excuse me, …** [ɪk'skjuːz miː, …]
Hola.	**Hello.** [hə'ləʊ]
Gracias.	**Thank you.** [θæŋk ju]

Sí.	**Yes.** [jes]
No.	**No.** [nəʊ]
No lo sé.	**I don't know.** [aɪ dəʊnt nəʊ]
¿Dónde?	¿A dónde?	¿Cuándo?	**Where?	Where to?	When?** [weə?	weə tuː?	wen?]

Necesito …	**I need …** [aɪ niːd …]
Quiero …	**I want …** [aɪ wɒnt …]
¿Tiene …?	**Do you have …?** [də ju hɛv …?]
¿Hay … por aquí?	**Is there a … here?** [ɪz ðər ə … hɪə?]
¿Puedo …?	**May I …?** [meɪ aɪ …?]
…, por favor? (petición educada)	**…, please** […, pliːz]

Busco …	**I'm looking for …** [aɪm 'lʊkɪŋ fə …]
el servicio	**restroom** ['restruːm]
un cajero automático	**ATM** [eɪtiː'em]
una farmacia	**pharmacy, drugstore** ['fɑːməsi, 'drʌgstɔː]
el hospital	**hospital** ['hɒspɪtl]

la comisaría	**police station** [pə'liːs 'steɪʃn]
el metro	**subway** ['sʌbweɪ]

un taxi	**taxi** ['tæksi]
la estación de tren	**train station** [treɪn 'steɪʃn]

Me llamo ...	**My name is ...** [maɪ 'neɪm ɪz ...]
¿Cómo se llama?	**What's your name?** [wɒts jɔː 'neɪm?]
¿Puede ayudarme, por favor?	**Could you please help me?** [kəd ju pliːz help miː?]
Tengo un problema.	**I've got a problem.** [aɪv gɒt ə 'prɒbləm]
Me encuentro mal.	**I don't feel well.** [aɪ dəʊnt fiːl wel]
¡Llame a una ambulancia!	**Call an ambulance!** [kɔːl ən 'æmbjələns!]
¿Puedo llamar, por favor?	**May I make a call?** [meɪ aɪ 'meɪk ə kɔːl?]

Lo siento.	**I'm sorry.** [aɪm 'sɒri]
De nada.	**You're welcome.** [jʊə 'welkəm]

Yo	**I, me** [aɪ, mi]
tú	**you** [ju]
él	**he** [hi]
ella	**she** [ʃi]
ellos	**they** [ðeɪ]
ellas	**they** [ðeɪ]
nosotros /nosotras/	**we** [wi]
ustedes, vosotros	**you** [ju]
usted	**you** [ju]

ENTRADA	**ENTRANCE** ['entrɑːns]
SALIDA	**EXIT** ['eksɪt]
FUERA DE SERVICIO	**OUT OF ORDER** [aʊt əv 'ɔːdə]
CERRADO	**CLOSED** [kləʊzd]

ABIERTO

OPEN
['əʊpən]

PARA SEÑORAS

FOR WOMEN
[fə 'wɪmɪn]

PARA CABALLEROS

FOR MEN
[fə men]

Preguntas

¿Dónde?   **Where?**
                            [weə?]

¿A dónde?   **Where to?**
                            [weə tu:?]

¿De dónde?   **Where from?**
                            [weə frɒm?]

¿Por qué?   **Why?**
                            [waɪ?]

¿Con que razón?   **Why?**
                            [waɪ?]

¿Cuándo?   **When?**
                            [wen?]

¿Cuánto tiempo?   **How long?**
                            [haʊ 'lɒŋ?]

¿A qué hora?   **At what time?**
                            [ət wɒt 'taɪm?]

¿Cuánto?   **How much?**
                            [haʊ 'mʌtʃ?]

¿Tiene ...?   **Do you have ...?**
                            [də ju hɛv ...?]

¿Dónde está ...?   **Where is ...?**
                            [weə ɪz ...?]

¿Qué hora es?   **What time is it?**
                            [wɒt taɪm ɪz ɪt?]

¿Puedo llamar, por favor?   **May I make a call?**
                            [meɪ aɪ meɪk ə kɔ:l?]

¿Quién es?   **Who's there?**
                            [hu:z ðeə?]

¿Se puede fumar aquí?   **Can I smoke here?**
                            [kən aɪ sməʊk hɪə?]

¿Puedo ...?   **May I ...?**
                            [meɪ aɪ ...?]

Necesidades

Quisiera …

I'd like …
[aɪd 'laɪk …]

No quiero …

I don't want …
[aɪ dəʊnt wɒnt …]

Tengo sed.

I'm thirsty.
[aɪm 'θɜːsti]

Tengo sueño.

I want to sleep.
[aɪ wɒnt tə sliːp]

Quiero …

I want …
[aɪ wɒnt …]

lavarme

to wash up
[tə wɒʃ ʌp]

cepillarme los dientes

to brush my teeth
[tə brʌʃ maɪ tiːθ]

descansar un momento

to rest a while
[tə rest ə waɪl]

cambiarme de ropa

to change my clothes
[tə tʃeɪndʒ maɪ kləʊðz]

volver al hotel

to go back to the hotel
[tə gəʊ 'bæk tə ðə həʊ'tel]

comprar …

to buy …
[tə baɪ …]

ir a …

to go to …
[tə gəʊ tə …]

visitar …

to visit …
[tə 'vɪzɪt …]

quedar con …

to meet with …
[tə miːt wɪð …]

hacer una llamada

to make a call
[tə meɪk ə kɔːl]

Estoy cansado /cansada/.

I'm tired.
[aɪm 'taɪəd]

Estamos cansados /cansadas/.

We are tired.
[wi ə 'taɪəd]

Tengo frío.

I'm cold.
[aɪm kəʊld]

Tengo calor.

I'm hot.
[aɪm hɒt]

Estoy bien.

I'm OK.
[aɪm əʊ'keɪ]

4

Tengo que hacer una llamada.

Necesito ir al servicio.

Me tengo que ir.

Me tengo que ir ahora.

I need to make a call.
[aɪ niːd tə meɪk ə kɔːl]

I need to go to the restroom.
[aɪ niːd tə gəʊ tə ðə 'restruːm]

I have to go.
[aɪ hɛv tə gəʊ]

I have to go now.
[aɪ hɛv tə gəʊ naʊ]

Preguntar por direcciones

Perdone, ...	**Excuse me, ...** [ɪk'skjuːz miː, ...]
¿Dónde está ...?	**Where is ...?** [weə ɪz ...?]
¿Por dónde está ...?	**Which way is ...?** [wɪtʃ weɪ ɪz ...?]
¿Puede ayudarme, por favor?	**Could you help me, please?** [kəd ju help miː, pliːz?]

Busco ...	**I'm looking for ...** [aɪm 'lʊkɪŋ fə ...]
Busco la salida.	**I'm looking for the exit.** [aɪm 'lʊkɪŋ fə ði 'eksɪt]
Voy a ...	**I'm going to ...** [aɪm 'gəʊɪŋ tə ...]
¿Voy bien por aquí para ...?	**Am I going the right way to ...?** [əm aɪ 'gəʊɪŋ ðə raɪt 'weɪ tə ...?]

¿Está lejos?	**Is it far?** [ɪz ɪt fɑː?]
¿Puedo llegar a pie?	**Can I get there on foot?** [kən aɪ get ðər ɒn fʊt?]
¿Puede mostrarme en el mapa?	**Can you show me on the map?** [kən ju ʃəʊ miː ɒn ðə mæp?]
Por favor muestreme dónde estamos.	**Show me where we are right now.** [ʃəʊ miː weə wi ə raɪt naʊ]

Aquí	**Here** [hɪə]
Allí	**There** [ðeə]
Por aquí	**This way** [ðɪs weɪ]

Gire a la derecha.	**Turn right.** [tɜːn raɪt]
Gire a la izquierda.	**Turn left.** [tɜːn left]
la primera (segunda, tercera) calle	**first (second, third) turn** [fɜːst ('sekənd, θɜːd) tɜːn]
a la derecha	**to the right** [tə ðə raɪt]

a la izquierda

to the left
[tə ðə left]

Siga recto.

Go straight.
[gəʊ streɪt]

Carteles

¡BIENVENIDO!	**WELCOME!** ['welkəm!]
ENTRADA	**ENTRANCE** ['entrɑːns]
SALIDA	**EXIT** ['eksɪt]
EMPUJAR	**PUSH** [pʊʃ]
TIRAR	**PULL** [pʊl]
ABIERTO	**OPEN** ['əʊpən]
CERRADO	**CLOSED** [kləʊzd]
PARA SEÑORAS	**FOR WOMEN** [fə 'wɪmɪn]
PARA CABALLEROS	**FOR MEN** [fə men]
CABALLEROS	**MEN, GENTS** [men, dʒents]
SEÑORAS	**WOMEN, LADIES** ['wɪmɪn, 'leɪdɪz]
REBAJAS	**DISCOUNTS** ['dɪskaʊnts]
VENTA	**SALE** [seɪl]
GRATIS	**FREE** [friː]
¡NUEVO!	**NEW!** [njuː!]
ATENCIÓN	**ATTENTION!** [ə'tenʃn!]
COMPLETO	**NO VACANCIES** [nəʊ 'veɪkənsɪz]
RESERVADO	**RESERVED** [rɪ'zɜːvd]
ADMINISTRACIÓN	**ADMINISTRATION** [ədmɪnɪ'streɪʃn]
SÓLO PERSONAL AUTORIZADO	**STAFF ONLY** [stɑːf 'əʊnli]

CUIDADO CON EL PERRO	**BEWARE OF THE DOG!** [bɪ'weər əv ðə dɒg!]
NO FUMAR	**NO SMOKING!** [nəʊ 'sməʊkɪŋ!]
NO TOCAR	**DO NOT TOUCH!** [də nɒt tʌtʃ!]
PELIGROSO	**DANGEROUS** ['deɪndʒərəs]
PELIGRO	**DANGER** ['deɪndʒə]
ALTA TENSIÓN	**HIGH VOLTAGE** [haɪ 'vəʊltɪdʒ]
PROHIBIDO BAÑARSE	**NO SWIMMING!** [nəʊ 'swɪmɪŋ!]
FUERA DE SERVICIO	**OUT OF ORDER** [aʊt əv 'ɔːdə]
INFLAMABLE	**FLAMMABLE** ['flæməbl]
PROHIBIDO	**FORBIDDEN** [fə'bɪdn]
PROHIBIDO EL PASO	**NO TRESPASSING!** [nəʊ 'trespəsɪŋ!]
RECIÉN PINTADO	**WET PAINT** [wet peɪnt]
CERRADO POR RENOVACIÓN	**CLOSED FOR RENOVATIONS** [kləʊzd fə renə'veɪʃnz]
EN OBRAS	**WORKS AHEAD** ['wɜːks ə'hed]
DESVÍO	**DETOUR** ['diːtʊə]

Transporte. Frases generales

el avión	**plane** [pleɪn]
el tren	**train** [treɪn]
el bus	**bus** [bʌs]
el ferry	**ferry** ['feri]
el taxi	**taxi** ['tæksi]
el coche	**car** [kɑ:]

el horario	**schedule** ['ʃedju:l]
¿Dónde puedo ver el horario?	**Where can I see the schedule?** [weə kən aɪ si: ðə 'ʃedju:l?]
días laborables	**workdays** ['wɜ:kdeɪz]
fines de semana	**weekends** [wi:k'endz]
días festivos	**holidays** ['hɒlədeɪz]

SALIDA	**DEPARTURE** [dɪ'pɑ:tʃə]
LLEGADA	**ARRIVAL** [ə'raɪvl]
RETRASADO	**DELAYED** [dɪ'leɪd]
CANCELADO	**CANCELED** ['kænsəld]

siguiente (tren, etc.)	**next** [nɛkst]
primero	**first** [fɜ:st]
último	**last** [lɑ:st]

¿Cuándo pasa el siguiente ...?	**When is the next ...?** [wen ɪz ðə nɛkst ...?]
¿Cuándo pasa el primer ...?	**When is the first ...?** [wen ɪz ðə fɜ:st ...?]

¿Cuándo pasa el último ...?

When is the last ...?
[wen ɪz ðə lɑːst ...?]

el trasbordo (cambio de trenes, etc.)

transfer
['trænsfɜː]

hacer un trasbordo

to make a transfer
[tə meɪk ə 'trænsfɜː]

¿Tengo que hacer un trasbordo?

Do I need to make a transfer?
[də aɪ niːd tə meɪk ə 'trænsfɜː?]

Comprar billetes

¿Dónde puedo comprar un billete?	**Where can I buy tickets?** [weə kən aɪ baɪ 'tɪkɪts?]
el billete	**ticket** ['tɪkɪt]
comprar un billete	**to buy a ticket** [tə baɪ ə 'tɪkɪt]
precio del billete	**ticket price** ['tɪkɪt praɪs]
¿Para dónde?	**Where to?** [weə tu:?]
¿A qué estación?	**To what station?** [tə wɒt steɪʃn?]
Necesito ...	**I need ...** [aɪ ni:d ...]
un billete	**one ticket** [wʌn 'tɪkɪt]
dos billetes	**two tickets** [tu: 'tɪkɪts]
tres billetes	**three tickets** [θri: 'tɪkɪts]
sólo ida	**one-way** [wʌn'weɪ]
ida y vuelta	**round-trip** [rɑ:wnd trɪp]
en primera (primera clase)	**first class** [fɜːst klɑ:s]
en segunda (segunda clase)	**second class** ['sekənd klɑ:s]
hoy	**today** [tə'deɪ]
mañana	**tomorrow** [tə'mɒrəʊ]
pasado mañana	**the day after tomorrow** [ðə deɪ 'ɑ:ftə tə'mɒrəʊ]
por la mañana	**in the morning** [ɪn ðə 'mɔ:nɪŋ]
por la tarde	**in the afternoon** [ɪn ði ɑ:ftə'nu:n]
por la noche	**in the evening** [ɪn ði 'i:vnɪŋ]

asiento de pasillo	**aisle seat** [aɪl siːt]
asiento de ventanilla	**window seat** ['wɪndəʊ siːt]
¿Cuánto cuesta?	**How much?** [haʊ mʌtʃ?]
¿Puedo pagar con tarjeta?	**Can I pay by credit card?** [kən aɪ peɪ baɪ 'kredɪt kɑːd?]

Autobús

el autobús	**bus** [bʌs]
el autobús interurbano	**intercity bus** [ɪntə'sɪti bʌs]
la parada de autobús	**bus stop** [bʌs stɒp]
¿Dónde está la parada de autobuses más cercana?	**Where's the nearest bus stop?** [weəz ðə 'nɪərɪst bʌs stɒp?]

número	**number** ['nʌmbə]
¿Qué autobús tengo que tomar para ...?	**Which bus do I take to get to ...?** [wɪtʃ bʌs də aɪ teɪk tə get tə ...?]
¿Este autobús va a ...?	**Does this bus go to ...?** [dəz ðɪs bʌs gəʊ tə ...?]
¿Cada cuanto pasa el autobús?	**How frequent are the buses?** [haʊ frɪ'kwent ə ðə 'bʌsɪz?]

cada 15 minutos	**every 15 minutes** ['evri fɪf'tiːn 'mɪnɪts]
cada media hora	**every half hour** ['evri hɑːf 'aʊə]
cada hora	**every hour** ['evri 'aʊə]
varias veces al día	**several times a day** ['sevrəl taɪmz ə deɪ]
... veces al día	**... times a day** [... taɪmz ə deɪ]

el horario	**schedule** ['ʃedjuːl]
¿Dónde puedo ver el horario?	**Where can I see the schedule?** [weə kən aɪ siː ðə 'ʃedjuːl?]
¿Cuándo pasa el siguiente autobús?	**When is the next bus?** [wen ɪz ðə nɛkst bʌs?]
¿Cuándo pasa el primer autobús?	**When is the first bus?** [wen ɪz ðə fɜːst bʌs?]
¿Cuándo pasa el último autobús?	**When is the last bus?** [wen ɪz ðə lɑːst bʌs?]

la parada	**stop** [stɒp]
la siguiente parada	**next stop** [nɛkst stɒp]

la última parada

last stop
[lɑːst stɒp]

Pare aquí, por favor.

Stop here, please.
[stɒp hɪə, pliːz]

Perdone, esta es mi parada.

Excuse me, this is my stop.
[ɪk'skjuːz miː, ðɪs ɪz maɪ stɒp]

Tren

el tren	**train** [treɪn]
el tren de cercanías	**suburban train** [sə'bɜːbən treɪn]
el tren de larga distancia	**long-distance train** ['lɒŋdɪstəns treɪn]
la estación de tren	**train station** [treɪn steɪʃn]
Perdone, ¿dónde está la salida al anden?	**Excuse me, where is the exit to the platform?** [ɪk'skjuːz miː, weə ɪz ði 'eksɪt tə ðə 'plætfɔːm?]

¿Este tren va a ...?	**Does this train go to ...?** [dəz ðɪs treɪn gəʊ tə ...?]
el siguiente tren	**next train** [nɛkst treɪn]
¿Cuándo pasa el siguiente tren?	**When is the next train?** [wen ɪz ðə nɛkst treɪn?]
¿Dónde puedo ver el horario?	**Where can I see the schedule?** [weə kən aɪ siː ðə 'ʃedjuːl?]
¿De qué andén?	**From which platform?** [frəm wɪtʃ 'plætfɔːm?]
¿Cuándo llega el tren a ...?	**When does the train arrive in ...?** [wen dəz ðə treɪn ə'raɪv ɪn ...?]

Ayudeme, por favor.	**Please help me.** [pliːz help miː]
Busco mi asiento.	**I'm looking for my seat.** [aɪm 'lʊkɪŋ fə maɪ siːt]
Buscamos nuestros asientos.	**We're looking for our seats.** [wɪə 'lʊkɪŋ fə 'aʊə siːts]
Mi asiento está ocupado.	**My seat is taken.** [maɪ siːt ɪs 'teɪkən]
Nuestros asientos están ocupados.	**Our seats are taken.** ['aʊə siːts ə 'teɪkən]

Perdone, pero ese es mi asiento.	**I'm sorry but this is my seat.** [aɪm 'sɒri bət ðɪs ɪz maɪ siːt]
¿Está libre?	**Is this seat taken?** [ɪz ðɪs siːt 'teɪkən?]
¿Puedo sentarme aquí?	**May I sit here?** [meɪ aɪ sɪt hɪə?]

En el tren. Diálogo (Sin billete)

Su billete, por favor.

Ticket, please.
['tɪkɪt, pli:z]

No tengo billete.

I don't have a ticket.
[aɪ dəʊnt hɛv ə 'tɪkɪt]

He perdido mi billete.

I lost my ticket.
[aɪ lɒst maɪ 'tɪkɪt]

He olvidado mi billete en casa.

I forgot my ticket at home.
[aɪ fə'gɒt maɪ 'tɪkɪt ət həʊm]

Le puedo vender un billete.

You can buy a ticket from me.
[ju kən baɪ ə 'tɪkɪt frəm mi:]

También deberá pagar una multa.

You will also have to pay a fine.
[ju wɪl 'ɔ:lsəʊ hɛv tə peɪ ə faɪn]

Vale.

Okay.
[əʊ'keɪ]

¿A dónde va usted?

Where are you going?
[weər ə ju 'gəʊɪŋ?]

Voy a ...

I'm going to ...
[aɪm 'gəʊɪŋ tə ...]

¿Cuánto es? No lo entiendo.

How much? I don't understand.
[haʊ 'mʌtʃ? aɪ dəʊnt ʌndə'stænd]

Escríbalo, por favor.

Write it down, please.
['raɪt ɪt daʊn, pli:z]

Vale. ¿Puedo pagar con tarjeta?

Okay. Can I pay with a credit card?
[əʊ'keɪ. kən aɪ peɪ wɪð ə 'kredɪt kɑ:d?]

Sí, puede.

Yes, you can.
[jes, ju kæn]

Aquí está su recibo.

Here's your receipt.
[hɪəz jɔ: rɪ'si:t]

Disculpe por la multa.

Sorry about the fine.
['sɒri ə'baʊt ðə faɪn]

No pasa nada. Fue culpa mía.

That's okay. It was my fault.
[ðæts əʊ'keɪ. ɪt wəz maɪ fɔ:t]

Disfrute su viaje.

Enjoy your trip.
[ɪn'dʒɔɪ jɔ: trɪp]

Taxi

taxi	**taxi** ['tæksi]
taxista	**taxi driver** ['tæksi 'draɪvə]
coger un taxi	**to catch a taxi** [tə kætʃ ə 'tæksi]
parada de taxis	**taxi stand** ['tæksi stænd]
¿Dónde puedo coger un taxi?	**Where can I get a taxi?** [weə kən aɪ get ə 'tæksi?]
llamar a un taxi	**to call a taxi** [tə kɔːl ə 'tæksi]
Necesito un taxi.	**I need a taxi.** [aɪ niːd ə 'tæksi]
Ahora mismo.	**Right now.** [raɪt naʊ]
¿Cuál es su dirección?	**What is your address (location)?** ['wɒts jɔːr ə'dres (ləʊ'keɪʃn)?]
Mi dirección es …	**My address is …** [maɪ ə'dres ɪz …]
¿Cuál es el destino?	**Your destination?** [jɔː destɪ'neɪʃn?]
Perdone, …	**Excuse me, …** [ɪk'skjuːz miː, …]
¿Está libre?	**Are you available?** [ə ju ə'veɪləbl?]
¿Cuánto cuesta ir a …?	**How much is it to get to …?** [haʊ 'mʌtʃ ɪz ɪt tə get tə …?]
¿Sabe usted dónde está?	**Do you know where it is?** [də ju nəʊ weər ɪt ɪz?]
Al aeropuerto, por favor.	**Airport, please.** ['eəpɔːt, pliːz]
Pare aquí, por favor.	**Stop here, please.** [stɒp hɪə, pliːz]
No es aquí.	**It's not here.** [ɪts nɒt hɪə]
La dirección no es correcta.	**This is the wrong address.** [ðɪs ɪz ðə rɒŋ ə'dres]
Gire a la izquierda.	**Turn left.** [tɜːn left]
Gire a la derecha.	**Turn right.** [tɜːn raɪt]

¿Cuánto le debo?

How much do I owe you?
[haʊ 'mʌtʃ də aɪ əʊ ju?]

¿Me da un recibo, por favor?

I'd like a receipt, please.
[aɪd laɪk ə rɪ'siːt, pliːz]

Quédese con el cambio.

Keep the change.
[kiːp ðə tʃeɪndʒ]

Espéreme, por favor.

Would you please wait for me?
[wʊd ju pliːz weɪt fə mi:?]

cinco minutos

five minutes
[faɪv 'mɪnɪts]

diez minutos

ten minutes
[ten 'mɪnɪts]

quince minutos

fifteen minutes
[fɪf'tiːn 'mɪnɪts]

veinte minutos

twenty minutes
['twenti 'mɪnɪts]

media hora

half an hour
[hɑːf ən 'aʊə]

Hotel

Hola.	**Hello.** [həˈləʊ]
Me llamo ...	**My name is ...** [maɪ neɪm ɪz ...]
Tengo una reserva.	**I have a reservation.** [aɪ hɛv ə rezəˈveɪʃn]
Necesito ...	**I need ...** [aɪ niːd ...]
una habitación individual	**a single room** [ə sɪŋgl ruːm]
una habitación doble	**a double room** [ə dʌbl ruːm]
¿Cuánto cuesta?	**How much is that?** [haʊ ˈmʌtʃ ɪz ðæt?]
Es un poco caro.	**That's a bit expensive.** [ðæts ə bɪt ɪkˈspensɪv]
¿Tiene alguna más?	**Do you have anything else?** [du ju: hæv ˈeniθɪŋ els?]
Me quedo.	**I'll take it.** [aɪl teɪk ɪt]
Pagaré en efectivo.	**I'll pay in cash.** [aɪl peɪ ɪn kæʃ]
Tengo un problema.	**I've got a problem.** [aɪv gɒt ə ˈprɒbləm]
Mi ... no funciona.	**My ... is broken.** [maɪ ... ɪz ˈbrəʊkən]
Mi ... está fuera de servicio.	**My ... is out of order.** [maɪ ... ɪz aʊt əv ˈɔːdə]
televisión	**TV** [tiːˈviː]
aire acondicionado	**air conditioner** [eə kənˈdɪʃənə]
grifo	**tap** [tæp]
ducha	**shower** [ˈʃaʊə]
lavabo	**sink** [sɪŋk]
caja fuerte	**safe** [seɪf]

cerradura	**door lock** [dɔ: lɒk]
enchufe	**electrical outlet** [ɪˈlektrɪkl ˈaʊtlet]
secador de pelo	**hairdryer** [ˈheədraɪə]

No tengo …	**I don't have …** [aɪ ˈdəʊnt hɛv …]
agua	**water** [ˈwɔ:tə]
luz	**light** [laɪt]
electricidad	**electricity** [ɪlekˈtrɪsɪti]

¿Me puede dar …?	**Can you give me …?** [kən ju gɪv mi: …?]
una toalla	**a towel** [ə ˈtaʊəl]
una sábana	**a blanket** [ə ˈblæŋkɪt]
unas chanclas	**slippers** [ˈslɪpəz]
un albornoz	**a robe** [ə rəʊb]
un champú	**shampoo** [ʃæmˈpu:]
jabón	**soap** [səʊp]

Quisiera cambiar de habitación.	**I'd like to change rooms.** [aɪd laɪk tə tʃeɪndʒ ru:mz]
No puedo encontrar mi llave.	**I can't find my key.** [aɪ kɑ:nt faɪnd maɪ ki:]
Por favor abra mi habitación.	**Could you open my room, please?** [kəd ju ˈəʊpən maɪ ru:m, pli:z?]
¿Quién es?	**Who's there?** [hu:z ðeə?]
¡Entre!	**Come in!** [kʌm ˈɪn!]
¡Un momento!	**Just a minute!** [dʒəst ə ˈmɪnɪt!]
Ahora no, por favor.	**Not right now, please.** [nɒt raɪt naʊ, pli:z]

Venga a mi habitación, por favor.	**Come to my room, please.** [kʌm tə maɪ ru:m, pli:z]
Quisiera hacer un pedido.	**I'd like to order food service.** [aɪd laɪk tu ˈɔ:də fu:d ˈsɜ:vɪs]
Mi número de habitación es …	**My room number is …** [maɪ ru:m ˈnʌmbə iz …]

Me voy …	**I'm leaving …** [aɪm ˈliːvɪŋ …]
Nos vamos …	**We're leaving …** [wɪə ˈliːvɪŋ …]
Ahora mismo	**right now** [raɪt naʊ]
esta tarde	**this afternoon** [ðɪs ɑːftəˈnuːn]
esta noche	**tonight** [təˈnaɪt]
mañana	**tomorrow** [təˈmɒrəʊ]
mañana por la mañana	**tomorrow morning** [təˈmɒrəʊ ˈmɔːnɪŋ]
mañana por la noche	**tomorrow evening** [təˈmɒrəʊ ˈiːvnɪŋ]
pasado mañana	**the day after tomorrow** [ðə deɪ ˈɑːftə təˈmɒrəʊ]

Quisiera pagar la cuenta.	**I'd like to pay.** [aɪd ˈlaɪk tə peɪ]
Todo ha estado estupendo.	**Everything was wonderful.** [ˈevrɪθɪŋ wəz ˈwʌndəfəl]
¿Dónde puedo coger un taxi?	**Where can I get a taxi?** [weə kən aɪ get ə ˈtæksi?]
¿Puede llamarme un taxi, por favor?	**Would you call a taxi for me, please?** [wʊd ju kɔːl ə ˈtæksi fə miː, pliːz?]

Restaurante

¿Puedo ver el menú, por favor?

Can I look at the menu, please?
[kən aɪ lʊk ət ðə 'menjuː, pliːz?]

Mesa para uno.

Table for one.
['teɪbl fə wʌn]

Somos dos (tres, cuatro).

There are two (three, four) of us.
[ðər ə tuː (θriː, fɔːr) əv'ʌs]

Para fumadores

Smoking
['sməʊkɪŋ]

Para no fumadores

No smoking
[nəʊ 'sməʊkɪŋ]

¡Por favor! (llamar al camarero)

Excuse me!
[ɪk'skjuːz miː!]

la carta

menu
['menjuː]

la carta de vinos

wine list
[waɪn lɪst]

La carta, por favor.

The menu, please.
[ðə 'menjuː, pliːz]

¿Está listo para pedir?

Are you ready to order?
[ə ju 'redi tu 'ɔːdə?]

¿Qué quieren pedir?

What will you have?
[wɒt wɪl ju hæv?]

Yo quiero ...

I'll have ...
[aɪl hɛv ...]

Soy vegetariano.

I'm a vegetarian.
[aɪm ə vedʒɪ'teərɪən]

carne

meat
[miːt]

pescado

fish
[fɪʃ]

verduras

vegetables
['vedʒɪtəblz]

¿Tiene platos para vegetarianos?

Do you have vegetarian dishes?
[də ju hɛv vedʒɪ'teərɪən 'dɪʃɪz?]

No como cerdo.

I don't eat pork.
[aɪ dəʊnt iːt pɔːk]

Él /Ella/ no come carne.

He /she/ doesn't eat meat.
[hi /ʃi/ 'dʌznt iːt miːt]

Soy alérgico a ...

I am allergic to ...
[aɪ əm ə'lɜːdʒɪk tə ...]

¿Me puede traer ..., por favor?

Would you please bring me ...
[wʊd ju pliːz brɪŋ miː ...]

sal | pimienta | azúcar

salt | pepper | sugar
[sɔːlt | 'pepə | 'ʃʊgə]

café | té | postre

coffee | tea | dessert
['kɒfi | tiː | dɪ'zɜːt]

agua | con gas | sin gas

water | sparkling | plain
['wɔːtə | 'spɑːklɪŋ | pleɪn]

una cuchara | un tenedor | un cuchillo

spoon | fork | knife
[spuːn | fɔːk | naɪf]

un plato | una servilleta

plate | napkin
[pleɪt | 'næpkɪn]

¡Buen provecho!

Enjoy your meal!
[ɪn'dʒɔɪ jɔː miːl!]

Uno más, por favor.

One more, please.
[wʌn mɔː, pliːz]

Estaba delicioso.

It was very delicious.
[ɪt wəz 'veri dɪ'lɪʃəs]

---

la cuenta | el cambio | la propina

check | change | tip
[tʃek | tʃeɪndʒ | tɪp]

La cuenta, por favor.

Check, please.
[tʃek, pliːz]

¿Puedo pagar con tarjeta?

Can I pay by credit card?
[kən aɪ peɪ baɪ 'kredɪt kɑːd?]

Perdone, aquí hay un error.

I'm sorry, there's a mistake here.
[aɪm 'sɒri, ðeəz ə mɪ'steɪk hɪə]

De Compras

¿Puedo ayudarle?
Can I help you?
[kən aɪ help ju?]

¿Tiene ...?
Do you have ...?
[də ju hɛv ...?]

Busco ...
I'm looking for ...
[aɪm 'lʊkɪŋ fə ...]

Necesito ...
I need ...
[aɪ niːd ...]

Sólo estoy mirando.
I'm just looking.
[aɪm dʒəst 'lʊkɪŋ]

Sólo estamos mirando.
We're just looking.
[wɪə dʒəst 'lʊkɪŋ]

Volveré más tarde.
I'll come back later.
[aɪl kʌm bæk 'leɪtə]

Volveremos más tarde.
We'll come back later.
[wil kʌm bæk 'leɪtə]

descuentos | oferta
discounts | sale
[dɪs'kaʊnts | seɪl]

Por favor, enséñeme ...
Would you please show me ...
[wʊd ju pliːz ʃəʊ miː ...]

¿Me puede dar ..., por favor?
Would you please give me ...
[wʊd ju pliːz gɪv miː ...]

¿Puedo probarmelo?
Can I try it on?
[kən aɪ traɪ ɪt ɒn?]

Perdone, ¿dónde están los probadores?
Excuse me, where's the fitting room?
[ɪk'skjuːz miː, weəz ðə 'fɪtɪŋ ruːm?]

¿Qué color le gustaría?
Which color would you like?
[wɪtʃ 'kʌlər wʊd ju 'laɪk?]

la talla | el largo
size | length
[saɪz | leŋθ]

¿Cómo le queda? (¿Está bien?)
How does it fit?
[haʊ dəz ɪt fɪt?]

¿Cuánto cuesta esto?
How much is it?
[haʊ 'mʌtʃ ɪz ɪt?]

Es muy caro.
That's too expensive.
[ðæts tuː ɪk'spensɪv]

Me lo llevo.
I'll take it.
[aɪl teɪk ɪt]

Perdone, ¿dónde está la caja?
Excuse me, where do I pay?
[ɪk'skjuːz miː, weə də aɪ peɪ?]

¿Pagará en efectivo o con tarjeta?

Will you pay in cash or credit card?
[wɪl ju peɪ ɪn kæʃ ɔː 'kredɪt kɑːd?]

en efectivo | con tarjeta

In cash | with credit card
[ɪn kæʃ | wɪð 'kredɪt kɑːd]

¿Quiere el recibo?

Do you want the receipt?
[də ju wɒnt ðə rɪ'siːt?]

Sí, por favor.

Yes, please.
[jes, pliːz]

No, gracias.

No, it's OK.
[nəʊ, ɪts əʊ'keɪ]

Gracias. ¡Que tenga un buen día!

Thank you. Have a nice day!
[θæŋk ju. hɛv ə naɪs deɪ!]

En la ciudad

Perdone, por favor.

Excuse me, please.
[ɪk'skjuːz miː, pliːz]

Busco ...

I'm looking for ...
[aɪm 'lʊkɪŋ fə ...]

el metro

the subway
[ðə 'sʌbweɪ]

mi hotel

my hotel
[maɪ həʊ'tel]

el cine

the movie theater
[ðə 'muːvi 'θiːətə]

una parada de taxis

a taxi stand
[ə 'tæksi stænd]

un cajero automático

an ATM
[ən eɪtiː'em]

una oficina de cambio

a foreign exchange office
[ə 'fɒrən ɪk'stʃeɪndʒ 'ɒfɪs]

un cibercafé

an internet café
[ən 'ɪntənet 'kæfeɪ]

la calle ...

... street
[... striːt]

este lugar

this place
[ðɪs 'pleɪs]

¿Sabe usted dónde está ...?

Do you know where ... is?
[də ju nəʊ weə ... ɪz?]

¿Cómo se llama esta calle?

Which street is this?
[wɪtʃ striːt ɪs ðɪs?]

Muestreme dónde estamos ahora.

Show me where we are right now.
[ʃəʊ miː: weə wi ə raɪt naʊ]

¿Puedo llegar a pie?

Can I get there on foot?
[kən aɪ get ðər ɒn fʊt?]

¿Tiene un mapa de la ciudad?

Do you have a map of the city?
[də ju hɛv ə mæp əv ðə 'sɪti?]

¿Cuánto cuesta la entrada?

How much is a ticket to get in?
[haʊ 'mʌtʃ ɪz ə 'tɪkɪt tə get ɪn?]

¿Se pueden hacer fotos aquí?

Can I take pictures here?
[kən aɪ teɪk 'pɪktʃəz hɪə?]

¿Está abierto?

Are you open?
[ə ju 'əʊpən?]

¿A qué hora abren?   **When do you open?**
                                      [wen də ju 'əʊpən?]

¿A qué hora cierran?   **When do you close?**
                                      [wen də ju kləʊz?]

Dinero

dinero	**money** ['mʌni]
efectivo	**cash** [kæʃ]
billetes	**paper money** ['peɪpə 'mʌni]
monedas	**loose change** [luːs tʃeɪndʒ]
la cuenta | el cambio | la propina	**check | change | tip** [tʃek | tʃeɪndʒ | tɪp]

la tarjeta de crédito	**credit card** ['kredɪt kɑːd]
la cartera	**wallet** ['wɒlɪt]
comprar	**to buy** [tə baɪ]
pagar	**to pay** [tə peɪ]
la multa	**fine** [faɪn]
gratis	**free** [friː]

¿Dónde puedo comprar ...?	**Where can I buy ...?** [weə kən aɪ baɪ ...?]
¿Está el banco abierto ahora?	**Is the bank open now?** [ɪz ðə bæŋk 'əʊpən naʊ?]
¿A qué hora abre?	**When does it open?** [wen dəz ɪt 'əʊpən?]
¿A qué hora cierra?	**When does it close?** [wen dəz ɪt kləʊz?]

¿Cuánto cuesta?	**How much?** [haʊ 'mʌtʃ?]
¿Cuánto cuesta esto?	**How much is this?** [haʊ 'mʌtʃ ɪz ðɪs?]
Es muy caro.	**That's too expensive.** [ðæts tuː ɪk'spensɪv]

Perdone, ¿dónde está la caja?	**Excuse me, where do I pay?** [ɪk'skjuːz miː, weə də aɪ peɪ?]
La cuenta, por favor.	**Check, please.** [tʃek, pliːz]

¿Puedo pagar con tarjeta?

Can I pay by credit card?
[kən aɪ peɪ baɪ 'kredɪt kɑːd?]

¿Hay un cajero por aquí?

Is there an ATM here?
[ɪz ðər ən eɪtiː'em hɪə?]

Busco un cajero automático.

I'm looking for an ATM.
[aɪm 'lʊkɪŋ fər ən eɪtiː'em]

Busco una oficina de cambio.

I'm looking for a foreign exchange office.
[aɪm 'lʊkɪŋ fər ə 'fɒrən ɪk'stʃeɪndʒ 'ɒfɪs]

Quisiera cambiar …

I'd like to change …
[aɪd laɪk tə tʃeɪndʒ …]

¿Cuál es el tipo de cambio?

What is the exchange rate?
[wɒts ði ɪk'stʃeɪndʒ reɪt?]

¿Necesita mi pasaporte?

Do you need my passport?
[də ju niːd maɪ 'pɑːspɔːt?]

Tiempo

¿Qué hora es?
What time is it?
[wɒt taɪm ɪz ɪt?]

¿Cuándo?
When?
[wen?]

¿A qué hora?
At what time?
[ət wɒt taɪm?]

ahora | luego | después de ...
now | later | after ...
[naʊ | 'leɪtə | 'ɑːftə ...]

la una
one o'clock
[wʌn ə'klɒk]

la una y cuarto
one fifteen
[wʌn fɪf'tiːn]

la una y medio
one thirty
[wʌn 'θɜːti]

las dos menos cuarto
one forty-five
[wʌn 'fɔːti faɪv]

una | dos | tres
one | two | three
[wʌn | tuː | θriː]

cuatro | cinco | seis
four | five | six
[fɔː | faɪv | sɪks]

siete | ocho | nueve
seven | eight | nine
[sevn | eɪt | naɪn]

diez | once | doce
ten | eleven | twelve
[ten | ɪ'levn | twelv]

en ...
in ...
[ɪn ...]

cinco minutos
five minutes
[faɪv 'mɪnɪts]

diez minutos
ten minutes
[ten 'mɪnɪts]

quince minutos
fifteen minutes
[fɪf'tiːn 'mɪnɪts]

veinte minutos
twenty minutes
['twenti 'mɪnɪts]

media hora
half an hour
[hɑːf ən 'aʊə]

una hora
an hour
[ən 'aʊə]

por la mañana
in the morning
[ɪn ðə 'mɔːnɪŋ]

por la mañana temprano — **early in the morning** ['ɜːli ɪn ðə 'mɔːnɪŋ]

esta mañana — **this morning** [ðɪs 'mɔːnɪŋ]

mañana por la mañana — **tomorrow morning** [tə'mɒrəʊ 'mɔːnɪŋ]

---

al mediodía — **at noon** [ət nuːn]

por la tarde — **in the afternoon** [ɪn ði ɑːftə'nuːn]

por la noche — **in the evening** [ɪn ði 'iːvnɪŋ]

esta noche — **tonight** [tə'naɪt]

---

por la noche — **at night** [ət naɪt]

ayer — **yesterday** ['jestədi]

hoy — **today** [tə'deɪ]

mañana — **tomorrow** [tə'mɒrəʊ]

pasado mañana — **the day after tomorrow** [ðə deɪ 'ɑːftə tə'mɒrəʊ]

¿Qué día es hoy? — **What day is it today?** [wɒt deɪ ɪz ɪt tə'deɪ?]

Es … — **It's …** [ɪts …]

lunes — **Monday** ['mʌndɪ]

martes — **Tuesday** ['tjuːzdi]

miércoles — **Wednesday** ['wenzdɪ]

---

jueves — **Thursday** ['θɜːzdɪ]

viernes — **Friday** ['fraɪdɪ]

sábado — **Saturday** ['sætədɪ]

domingo — **Sunday** ['sʌndɪ]

Saludos. Presentaciones.

Hola.

Hello.
[hə'ləʊ]

Encantado /Encantada/ de conocerle.

Pleased to meet you.
[pli:zd tə mi:t ju]

Yo también.

Me too.
[mi: tu:]

Le presento a ...

I'd like you to meet ...
[aɪd laɪk ju tə mi:t ...]

Encantado.

Nice to meet you.
[naɪs tə mi:t ju]

¿Cómo está?

How are you?
[haʊ ə ju?]

Me llamo ...

My name is ...
[maɪ neɪm ɪz ...]

Se llama ...

His name is ...
[hɪz neɪm ɪz ...]

Se llama ...

Her name is ...
[hə neɪm ɪz ...]

¿Cómo se llama (usted)?

What's your name?
[wɒts jɔ: neɪm?]

¿Cómo se llama (él)?

What's his name?
[wɒts ɪz neɪm?]

¿Cómo se llama (ella)?

What's her name?
[wɒts hə neɪm?]

¿Cuál es su apellido?

What's your last name?
[wɒts jɔ: lɑ:st neɪm?]

Puede llamarme ...

You can call me ...
[ju kən kɔ:l mi: ...]

¿De dónde es usted?

Where are you from?
[weər ə ju frɒm?]

Yo soy de ....

I'm from ...
[aɪm frəm ...]

¿A qué se dedica?

What do you do for a living?
[wɒt də ju də fər ə 'lɪvɪŋ?]

¿Quién es?

Who is this?
[hu: ɪz ðɪs?]

¿Quién es él?

Who is he?
[hu: ɪz hi?]

¿Quién es ella?

Who is she?
[hu: ɪz ʃi?]

¿Quiénes son?

Who are they?
[hu: ə ðeɪ?]

Este es ...	**This is ...** [ðɪs ɪz ...]
mi amigo	**my friend** [maɪ frend]
mi amiga	**my friend** [maɪ frend]
mi marido	**my husband** [maɪ ˈhʌzbənd]
mi mujer	**my wife** [maɪ waɪf]
mi padre	**my father** [maɪ ˈfɑːðə]
mi madre	**my mother** [maɪ ˈmʌðə]
mi hermano	**my brother** [maɪ ˈbrʌðə]
mi hermana	**my sister** [maɪ ˈsɪstə]
mi hijo	**my son** [maɪ sʌn]
mi hija	**my daughter** [maɪ ˈdɔːtə]
Este es nuestro hijo.	**This is our son.** [ðɪs ɪz ˈaʊə sʌn]
Esta es nuestra hija.	**This is our daughter.** [ðɪs ɪz ˈaʊə ˈdɔːtə]
Estos son mis hijos.	**These are my children.** [ðiːz ə maɪ ˈtʃɪldrən]
Estos son nuestros hijos.	**These are our children.** [ðiːz ə ˈaʊə ˈtʃɪldrən]

Despedidas

¡Adiós!
Good bye!
[gʊd baɪ!]

¡Chau!
Bye!
[baɪ!]

Hasta mañana.
See you tomorrow.
[siː ju təˈmɒrəʊ]

Hasta pronto.
See you soon.
[siː ju suːn]

Te veo a las siete.
See you at seven.
[siː ju ət sevn]

¡Que se diviertan!
Have fun!
[hɛv fʌn!]

Hablamos más tarde.
Talk to you later.
[tɔːk tə ju ˈleɪtə]

Que tengas un buen fin de semana.
Have a nice weekend.
[hɛv ə naɪs wiːkˈend]

Buenas noches.
Good night.
[gʊd naɪt]

Es hora de irme.
It's time for me to go.
[ɪts taɪm fə miː tə gəʊ]

Tengo que irme.
I have to go.
[aɪ hɛv tə gəʊ]

Ahora vuelvo.
I will be right back.
[aɪ wɪl bi raɪt bæk]

Es tarde.
It's late.
[ɪts leɪt]

Tengo que levantarme temprano.
I have to get up early.
[aɪ hɛv tə get ʌp ˈ3ːli]

Me voy mañana.
I'm leaving tomorrow.
[aɪm ˈliːvɪŋ təˈmɒrəʊ]

Nos vamos mañana.
We're leaving tomorrow.
[wɪə ˈliːvɪŋ təˈmɒrəʊ]

¡Que tenga un buen viaje!
Have a nice trip!
[hɛv ə naɪs trɪp!]

Ha sido un placer.
It was nice meeting you.
[ɪt wəz naɪs ˈmiːtɪŋ ju]

Fue un placer hablar con usted.
It was nice talking to you.
[ɪt wəz naɪs ˈtɔːkɪŋ tə ju]

Gracias por todo.
Thanks for everything.
[θæŋks fər ˈevrɪθɪŋ]

Lo he pasado muy bien.

I had a very good time.
[aɪ həd ə 'veri gʊd taɪm]

Lo pasamos muy bien.

We had a very good time.
[wi həd ə 'veri gʊd taɪm]

Fue genial.

It was really great.
[ɪt wəz 'rɪəli greɪt]

Le voy a echar de menos.

I'm going to miss you.
[aɪm 'gəʊɪŋ tə mɪs ju]

Le vamos a echar de menos.

We're going to miss you.
[wɪə 'gəʊɪŋ tə mɪs ju]

¡Suerte!

Good luck!
[gʊd lʌk!]

Saludos a …

Say hi to …
[seɪ haɪ tə …]

Idioma extranjero

No entiendo.

I don't understand.
[aɪ dəʊnt ʌndə'stænd]

Escríbalo, por favor.

Write it down, please.
[raɪt ɪt daʊn, pliːz]

¿Habla usted ...?

Do you speak ...?
[də ju spiːk ...?]

Hablo un poco de ...

I speak a little bit of ...
[aɪ spiːk ə lɪtl bɪt əv ...]

inglés

English
['ɪŋglɪʃ]

turco

Turkish
['tɜːkɪʃ]

árabe

Arabic
['ærəbɪk]

francés

French
[frentʃ]

alemán

German
['dʒɜːmən]

italiano

Italian
[ɪ'tæljən]

español

Spanish
['spænɪʃ]

portugués

Portuguese
[pɔːtʃʊ'giːz]

chino

Chinese
[tʃaɪ'niːz]

japonés

Japanese
[dʒæpə'niːz]

¿Puede repetirlo, por favor?

Can you repeat that, please.
[kən ju rɪ'piːt ðæt, pliːz]

Lo entiendo.

I understand.
[aɪ ʌndə'stænd]

No entiendo.

I don't understand.
[aɪ dəʊnt ʌndə'stænd]

Hable más despacio, por favor.

Please speak more slowly.
[pliːz spiːk mɔː 'sləʊli]

¿Está bien?

Is that correct?
[ɪz ðət kə'rekt?]

¿Qué es esto? (¿Que significa esto?)

What is this?
[wɒts ðɪs?]

Disculpas

Perdone, por favor.	**Excuse me, please.** [ɪk'skjuːz miː, pliːz]
Lo siento.	**I'm sorry.** [aɪm 'sɒri]
Lo siento mucho.	**I'm really sorry.** [aɪm 'rɪəli 'sɒri]
Perdón, fue culpa mía.	**Sorry, it's my fault.** ['sɒri, ɪts maɪ fɔːt]
Culpa mía.	**My mistake.** [maɪ mɪ'steɪk]
¿Puedo …?	**May I …?** [meɪ aɪ …?]
¿Le molesta si …?	**Do you mind if I …?** [də ju maɪnd ɪf aɪ …?]
¡No hay problema! (No pasa nada.)	**It's OK.** [ɪts əʊ'keɪ]
Todo está bien.	**It's all right.** [ɪts ɔːl raɪt]
No se preocupe.	**Don't worry about it.** [dəʊnt 'wʌri ə'baʊt ɪt]

Acuerdos

Sí.

Yes.
[jes]

Sí, claro.

Yes, sure.
[jes, ʃʊə]

Bien.

OK (Good!)
[əʊˈkeɪ (gʊd!)]

Muy bien.

Very well.
[ˈveri wel]

¡Claro que sí!

Certainly!
[ˈsɜːtnli!]

Estoy de acuerdo.

I agree.
[aɪ əˈgriː]

Es verdad.

That's correct.
[ðæts kəˈrekt]

Es correcto.

That's right.
[ðæts raɪt]

Tiene razón.

You're right.
[jʊə raɪt]

No me molesta.

I don't mind.
[aɪ dəʊnt maɪnd]

Es completamente cierto.

Absolutely right.
[ˈæbsəluːtli raɪt]

Es posible.

It's possible.
[ɪts ˈpɒsəbl]

Es una buena idea.

That's a good idea.
[ðæts ə gʊd aɪˈdɪə]

No puedo decir que no.

I can't say no.
[aɪ kɑːnt ˈseɪ nəʊ]

Estaré encantado /encantada/.

I'd be happy to.
[aɪd bi ˈhæpi tuː]

Será un placer.

With pleasure.
[wɪð ˈpleʒə]

Rechazo. Expresar duda

No.	**No.** [nəʊ]
Claro que no.	**Certainly not.** ['sɜːtnli nɒt]
No estoy de acuerdo.	**I don't agree.** [aɪ dəʊnt ə'griː]
No lo creo.	**I don't think so.** [aɪ dəʊnt 'θɪŋk 'səʊ]
No es verdad.	**It's not true.** [ɪts nɒt truː]

No tiene razón.	**You are wrong.** [ju ə rɒŋ]
Creo que no tiene razón.	**I think you are wrong.** [aɪ θɪŋk ju ə rɒŋ]
No estoy seguro /segura/.	**I'm not sure.** [aɪm nɒt ʃʊə]
No es posible.	**It's impossible.** [ɪts ɪm'pɒsəbl]
¡Nada de eso!	**No way!** [nəʊ 'weɪ!]

Justo lo contrario.	**The exact opposite.** [ðɪ ɪg'zækt 'ɒpəzɪt]
Estoy en contra de ello.	**I'm against it.** [aɪm ə'genst ɪt]
No me importa. (Me da igual.)	**I don't care.** [aɪ dəʊnt 'keə]
No tengo ni idea.	**I have no idea.** [aɪ hɛv nəʊ aɪ'dɪə]
Dudo que sea así.	**I doubt that.** [aɪ daʊt ðɛt]

Lo siento, no puedo.	**Sorry, I can't.** ['sɒri, aɪ kɑːnt]
Lo siento, no quiero.	**Sorry, I don't want to.** ['sɒri, aɪ dəʊnt wɒnt tuː]
Gracias, pero no lo necesito.	**Thank you, but I don't need this.** [θæŋk ju, bət aɪ dəʊnt niːd ðɪs]
Ya es tarde.	**It's late.** [ɪts leɪt]

Tengo que levantarme temprano.

I have to get up early.
[aɪ hɛv tə get 'ʌp 'ɜːli]

Me encuentro mal.

I don't feel well.
[aɪ dəʊnt fiːl wel]

Expresar gratitud

Gracias.	**Thank you.** [θæŋk ju]
Muchas gracias.	**Thank you very much.** [θæŋk ju 'veri 'mʌtʃ]
De verdad lo aprecio.	**I really appreciate it.** [aɪ 'rɪəli ə'priːʃieɪt ɪt]
Se lo agradezco.	**I'm really grateful to you.** [aɪm 'rɪəlí 'greɪtfəl tə ju]
Se lo agradecemos.	**We are really grateful to you.** [wi ə 'rɪəli 'greɪtfəl tə ju]

Gracias por su tiempo.	**Thank you for your time.** [θæŋk ju fə jɔː taɪm]
Gracias por todo.	**Thanks for everything.** [θæŋks fər 'evrɪθɪŋ]
Gracias por ...	**Thank you for ...** [θæŋk ju fə ...]
su ayuda	**your help** [jɔː help]
tan agradable momento	**a nice time** [ə naɪs taɪm]

una comida estupenda	**a wonderful meal** [ə 'wʌndəfəl miːl]
una velada tan agradable	**a pleasant evening** [ə pleznt 'iːvnɪŋ]
un día maravilloso	**a wonderful day** [ə 'wʌndəfəl deɪ]
un viaje increíble	**an amazing journey** [ən ə'meɪzɪŋ 'dʒɜːni]

No hay de qué.	**Don't mention it.** [dəʊnt menʃn ɪt]
De nada.	**You are welcome.** [ju ə 'welkəm]
Siempre a su disposición.	**Any time.** ['eni taɪm]
Encantado /Encantada/ de ayudarle.	**My pleasure.** [maɪ 'pleʒə]
No hay de qué.	**Forget it. It's alright.** [fə'get ɪt. its əlraɪt]
No tiene importancia.	**Don't worry about it.** [dəʊnt 'wʌri ə'baʊt ɪt]

Felicitaciones , Mejores Deseos

¡Felicidades!

Congratulations!
[kəngrætuˈleɪʃnz!]

¡Feliz Cumpleaños!

Happy birthday!
[ˈhæpi ˈbɜːθdeɪ!]

¡Feliz Navidad!

Merry Christmas!
[ˈmeri ˈkrɪsməs!]

¡Feliz Año Nuevo!

Happy New Year!
[ˈhæpi nju: ˈjiə!]

¡Felices Pascuas!

Happy Easter!
[ˈhæpi ˈi:stə!]

¡Feliz Hanukkah!

Happy Hanukkah!
[ˈhæpi ˈhɑːnəkə!]

Quiero brindar.

I'd like to propose a toast.
[aɪd laɪk tə prəˈpəʊz ə təʊst]

¡Salud!

Cheers!
[tʃɪəz!]

¡Brindemos por ...!

Let's drink to ...!
[lets drɪŋk tə ...!]

¡A nuestro éxito!

To our success!
[tu ˈaʊə səkˈses!]

¡A su éxito!

To your success!
[tə jɔ: səkˈses!]

¡Suerte!

Good luck!
[gʊd lʌk!]

¡Que tenga un buen día!

Have a nice day!
[hɛv ə naɪs deɪ!]

¡Que tenga unas buenas vacaciones!

Have a good holiday!
[hɛv ə gʊd ˈhɒlədeɪ!]

¡Que tenga un buen viaje!

Have a safe journey!
[hɛv ə seɪf ˈdʒɜːni!]

¡Espero que se recupere pronto!

I hope you get better soon!
[aɪ həʊp ju get ˈbetə su:n!]

Socializarse

¿Por qué está triste?

Why are you sad?
[waɪ ə ju sæd?]

¡Sonría! ¡Animese!

Smile!
[smaɪl!]

¿Está libre esta noche?

Are you free tonight?
[ə ju friː təˈnaɪt?]

¿Puedo ofrecerle algo de beber?

May I offer you a drink?
[meɪ aɪ ˈɒfə ju ə drɪŋk?]

¿Querría bailar conmigo?

Would you like to dance?
[wʊd ju laɪk tə dɑːns?]

Vamos a ir al cine.

Let's go to the movies.
[lets gəʊ tə ðə ˈmuːvɪz]

¿Puedo invitarle a ...?

May I invite you to ...?
[meɪ aɪ ɪnˈvaɪt ju tə ...?]

un restaurante

a restaurant
[ə ˈrestrɒnt]

el cine

the movies
[ðə ˈmuːvɪz]

el teatro

the theater
[ðə ˈθiːətə]

dar una vuelta

go for a walk
[gəʊ fər ə wɔːk]

¿A qué hora?

At what time?
[ət wɒt taɪm?]

esta noche

tonight
[təˈnaɪt]

a las seis

at six
[ət sɪks]

a las siete

at seven
[ət sevn]

a las ocho

at eight
[ət eɪt]

a las nueve

at nine
[ət naɪn]

¿Le gusta este lugar?

Do you like it here?
[də ju laɪk ɪt hɪə?]

¿Está aquí con alguien?

Are you here with someone?
[ə ju hɪə wɪð ˈsʌmwʌn?]

Estoy con mi amigo /amiga/.

I'm with my friend.
[aɪm wɪð maɪ ˈfrend]

Estoy con amigos.	**I'm with my friends.** [aɪm wɪð maɪ frendz]
No, estoy solo /sola/.	**No, I'm alone.** [nəʊ, aɪm ə'ləʊn]

¿Tienes novio?	**Do you have a boyfriend?** [də ju hɛv ə 'bɔɪfrend?]
Tengo novio.	**I have a boyfriend.** [aɪ hɛv ə 'bɔɪfrend]
¿Tienes novia?	**Do you have a girlfriend?** [də ju hɛv ə 'gɜːlfrend?]
Tengo novia.	**I have a girlfriend.** [aɪ hɛv ə 'gɜːlfrend]

¿Te puedo volver a ver?	**Can I see you again?** [kən aɪ siː ju ə'gen?]
¿Te puedo llamar?	**Can I call you?** [kən aɪ kɔːl ju?]
Llámame.	**Call me.** [kɔːl miː]
¿Cuál es tu número?	**What's your number?** [wɒts jɔː 'nʌmbə?]
Te echo de menos.	**I miss you.** [aɪ mɪs ju]

¡Qué nombre tan bonito!	**You have a beautiful name.** [ju hɛv ə 'bjuːtəfl neɪm]
Te quiero.	**I love you.** [aɪ lʌv ju]
¿Te casarías conmigo?	**Will you marry me?** [wɪl ju 'mæri miː?]
¡Está de broma!	**You're kidding!** [jə 'kɪdɪŋ!]
Sólo estoy bromeando.	**I'm just kidding.** [aɪm dʒəst 'kɪdɪŋ]

¿En serio?	**Are you serious?** [ə ju 'sɪərɪəs?]
Lo digo en serio.	**I'm serious.** [aɪm 'sɪərɪəs]
¿De verdad?	**Really?!** ['rɪəli?!]
¡Es increíble!	**It's unbelievable!** [ɪts ʌnbɪ'liːvəbl!]
No le creo.	**I don't believe you.** [aɪ dəʊnt bɪ'liːv ju]
No puedo.	**I can't.** [aɪ kɑːnt]
No lo sé.	**I don't know.** [aɪ dəʊnt nəʊ]
No le entiendo.	**I don't understand you.** [aɪ dəʊnt ʌndə'stænd ju]

Váyase, por favor.

Please go away.
[pliːz gəʊ əˈweɪ]

¡Déjeme en paz!

Leave me alone!
[liːv miː əˈləʊn!]

Es inaguantable.

I can't stand him.
[aɪ kɑːnt stænd hɪm]

¡Es un asqueroso!

You are disgusting!
[juː ə dɪsˈɡʌstɪŋ!]

¡Llamaré a la policía!

I'll call the police!
[aɪl kɔːl ðə pəˈliːs!]

Compartir impresiones. Emociones

Me gusta.	**I like it.** [aɪ laɪk ɪt]
Muy lindo.	**Very nice.** ['veri naɪs]
¡Es genial!	**That's great!** [ðæts 'greɪt!]
No está mal.	**It's not bad.** [ɪts nɒt bæd]

No me gusta.	**I don't like it.** [aɪ dəʊnt laɪk ɪt]
No está bien.	**It's not good.** [ɪts nɒt gʊd]
Está mal.	**It's bad.** [ɪts bæd]
Está muy mal.	**It's very bad.** [ɪts 'veri bæd]
¡Qué asco!	**It's disgusting.** [ɪts dɪs'gʌstɪŋ]

Estoy feliz.	**I'm happy.** [aɪm 'hæpi]
Estoy contento /contenta/.	**I'm content.** [aɪm kən'tent]
Estoy enamorado /enamorada/.	**I'm in love.** [aɪm ɪn lʌv]
Estoy tranquilo.	**I'm calm.** [aɪm kɑːm]
Estoy aburrido.	**I'm bored.** [aɪm bɔːd]

Estoy cansado /cansada/.	**I'm tired.** [aɪm 'taɪəd]
Estoy triste.	**I'm sad.** [aɪm sæd]
Estoy asustado.	**I'm frightened.** [aɪm 'fraɪtnd]
Estoy enfadado /enfadada/.	**I'm angry.** [aɪm 'æŋgri]

Estoy preocupado /preocupada/.	**I'm worried.** [aɪm 'wʌrɪd]
Estoy nervioso /nerviosa/.	**I'm nervous.** [aɪm 'nɜːvəs]

Estoy celoso /celosa/.

I'm jealous.
[aɪm 'dʒeləs]

Estoy sorprendido /sorprendida/.

I'm surprised.
[aɪm sə'praɪzd]

Estoy perplejo /perpleja/.

I'm perplexed.
[aɪm pə'plekst]

Problemas, Accidentes

Tengo un problema.	**I've got a problem.** [aɪv gɒt ə ˈprɒbləm]
Tenemos un problema.	**We've got a problem.** [wiv gɒt ə ˈprɒbləm]
Estoy perdido /perdida/.	**I'm lost.** [aɪm lɒst]
Perdi el último autobús (tren).	**I missed the last bus (train).** [aɪ mɪst ðə lɑːst bʌs (treɪn)]
No me queda más dinero.	**I don't have any money left.** [aɪ dəʊnt hɛv ˈeni ˈmʌni left]

He perdido ...	**I've lost my ...** [aɪv lɒst maɪ ...]
Me han robado ...	**Someone stole my ...** [ˈsʌmwʌn stəʊl maɪ ...]
mi pasaporte	**passport** [ˈpɑːspɔːt]
mi cartera	**wallet** [ˈwɒlɪt]
mis papeles	**papers** [ˈpeɪpəz]
mi billete	**ticket** [ˈtɪkɪt]

mi dinero	**money** [ˈmʌni]
mi bolso	**handbag** [ˈhændbæg]
mi cámara	**camera** [ˈkæmərə]
mi portátil	**laptop** [ˈlæptɒp]
mi tableta	**tablet computer** [ˈtæblɪt kəmˈpjuːtə]
mi teléfono	**mobile phone** [ˈməʊbaɪl fəʊn]

¡Ayúdeme!	**Help me!** [help miː!]
¿Qué pasó?	**What's happened?** [wɒts ˈhæpənd?]
el incendio	**fire** [ˈfaɪə]

un tiroteo	**shooting** ['ʃuːtɪŋ]
el asesinato	**murder** [a 'mɜːdə]
una explosión	**explosion** [ɪk'spləʊʒn]
una pelea	**fight** [a faɪt]

¡Llame a la policía!	**Call the police!** [kɔːl ðə pə'liːs!]
¡Más rápido, por favor!	**Please hurry up!** [pliːz 'hʌri ʌp!]
Busco la comisaría.	**I'm looking for the police station.** [aɪm 'lʊkɪŋ fər ðə pə'liːs steɪʃn]
Tengo que hacer una llamada.	**I need to make a call.** [aɪ niːd tə meɪk ə kɔːl]
¿Puedo usar su teléfono?	**May I use your phone?** [meɪ aɪ juːz jɔː fəʊn?]

Me han ...	**I've been ...** [aɪv biːn ...]
asaltado /asaltada/	**mugged** [mʌgd]
robado /robada/	**robbed** [rɒbd]
violada	**raped** [reɪpt]
atacado /atacada/	**attacked** [ə'tækt]

¿Se encuentra bien?	**Are you all right?** [ə ju ɔːl raɪt?]
¿Ha visto quien a sido?	**Did you see who it was?** [dɪd ju si: huː ɪt wɒz?]
¿Sería capaz de reconocer a la persona?	**Would you be able to recognize the person?** [wʊd ju bi eɪbl tə 'rekəgnaɪz ðə 'pɜːsn?]
¿Está usted seguro?	**Are you sure?** [ə ju ʃʊə?]

Por favor, cálmese.	**Please calm down.** [pliːz kɑːm daʊn]
¡Cálmese!	**Take it easy!** [teɪk ɪt 'iːzi!]
¡No se preocupe!	**Don't worry!** [dəʊnt 'wʌri!]
Todo irá bien.	**Everything will be fine.** ['evrɪθɪŋ wɪl bi faɪn]
Todo está bien.	**Everything's all right.** ['evrɪθɪŋz ɔːl raɪt]

Venga aquí, por favor.

Come here, please.
[kʌm hɪə, pli:z]

Tengo unas preguntas para usted.

I have some questions for you.
[aɪ hɛv səm 'kwestʃənz fə ju]

Espere un momento, por favor.

Wait a moment, please.
[weɪt ə 'məʊmənt, pli:z]

¿Tiene un documento de identidad?

Do you have any I.D.?
[də ju hɛv 'eni aɪ di:.?]

Gracias. Puede irse ahora.

Thanks. You can leave now.
[θæŋks. ju kən li:v naʊ]

¡Manos detrás de la cabeza!

Hands behind your head!
[hændz bɪ'haɪnd jɔ: hed!]

¡Está arrestado!

You're under arrest!
[jər 'ʌndər ə'rest!]

Problemas de salud

Ayudeme, por favor.	**Please help me.** [pli:z help mi:]
No me encuentro bien.	**I don't feel well.** [aɪ dəʊnt fi:l wel]
Mi marido no se encuentra bien.	**My husband doesn't feel well.** [maɪ 'hʌzbənd 'dʌznt fi:l wel]
Mi hijo ...	**My son ...** [maɪ sʌn ...]
Mi padre ...	**My father ...** [maɪ 'fɑ:ðə ...]

Mi mujer no se encuentra bien.	**My wife doesn't feel well.** [maɪ waɪf 'dʌznt fi:l wel]
Mi hija ...	**My daughter ...** [maɪ 'dɔ:tə ...]
Mi madre ...	**My mother ...** [maɪ 'mʌðə ...]

Me duele ...	**I've got a ...** [aɪv gɒt ə ...]
la cabeza	**headache** ['hedeɪk]
la garganta	**sore throat** [sɔ: θrəʊt]
el estómago	**stomach ache** ['stʌmək eɪk]
un diente	**toothache** ['tu:θeɪk]

Estoy mareado.	**I feel dizzy.** [aɪ fi:l 'dɪzi]
Él tiene fiebre.	**He has a fever.** [hi həz ə 'fi:və]
Ella tiene fiebre.	**She has a fever.** [ʃi həz ə 'fi:və]
No puedo respirar.	**I can't breathe.** [aɪ kɑ:nt bri:ð]

Me ahogo.	**I'm short of breath.** [aɪm ʃɔ:t əv breθ]
Tengo asma.	**I am asthmatic.** [aɪ əm æs'mætɪk]
Tengo diabetes.	**I am diabetic.** [aɪ əm daɪə'betɪk]

No puedo dormir.

I can't sleep.
[aɪ kɑːnt sliːp]

intoxicación alimentaria

food poisoning
[fuːd 'pɔɪznɪŋ]

Me duele aquí.

It hurts here.
[ɪt hɜːts hɪə]

¡Ayúdeme!

Help me!
[help miː!]

¡Estoy aquí!

I am here!
[aɪ əm hɪə!]

¡Estamos aquí!

We are here!
[wi ə hɪə!]

¡Saquenme de aquí!

Get me out of here!
[get miː aʊt əv hɪə!]

Necesito un médico.

I need a doctor.
[aɪ niːd ə 'dɒktə]

No me puedo mover.

I can't move.
[aɪ kɑːnt muːv!]

No puedo mover mis piernas.

I can't move my legs.
[aɪ kɑːnt muːv maɪ legz]

Tengo una herida.

I have a wound.
[aɪ hɛv ə wuːnd]

¿Es grave?

Is it serious?
[ɪz ɪt 'sɪərɪəs?]

Mis documentos están en mi bolsillo.

My documents are in my pocket.
[maɪ 'dɒkjuments ər ɪn maɪ 'pɒkɪt]

¡Cálmese!

Calm down!
[kɑːm daʊn!]

¿Puedo usar su teléfono?

May I use your phone?
[meɪ aɪ juːz jɔː fəʊn?]

¡Llame a una ambulancia!

Call an ambulance!
[kɔːl ən 'æmbjələns!]

¡Es urgente!

It's urgent!
[ɪts 'ɜːdʒənt!]

¡Es una emergencia!

It's an emergency!
[ɪts ən ɪ'mɜːdʒənsi!]

¡Más rápido, por favor!

Please hurry up!
[pliːz 'hʌri 'ʌp!]

¿Puede llamar a un médico, por favor?

Would you please call a doctor?
[wʊd ju pliːz kɔːl ə 'dɒktə?]

¿Dónde está el hospital?

Where is the hospital?
[weə ɪz ðə 'hɒspɪtl?]

¿Cómo se siente?

How are you feeling?
[haʊ ə ju 'fiːlɪŋ?]

¿Se encuentra bien?

Are you all right?
[ə ju ɔːl raɪt?]

¿Qué pasó?

What's happened?
[wɒts 'hæpənd?]

Me encuentro mejor.

I feel better now.
[aɪ fiːl 'betə naʊ]

Está bien.

It's OK.
[ɪts əʊˈkeɪ]

Todo está bien.

It's all right.
[ɪts ɔːl raɪt]

En la farmacia

la farmacia

Pharmacy (drugstore)
['fɑ:məsi ('drʌgstɔ:)]

la farmacia 24 horas

24-hour pharmacy
['twenti fɔ:r 'aʊə 'fɑ:məsi]

¿Dónde está la farmacia más cercana?

Where is the closest pharmacy?
[weə ɪz ðə 'kləʊsɪst 'fɑ:məsi?]

¿Está abierta ahora?

Is it open now?
[ɪz ɪt 'əʊpən naʊ?]

¿A qué hora abre?

At what time does it open?
[ət wɒt taɪm dəz ɪt 'əʊpən?]

¿A qué hora cierra?

At what time does it close?
[ət wɒt taɪm dəz ɪt kləʊz?]

¿Está lejos?

Is it far?
[ɪz ɪt fɑ:?]

¿Puedo llegar a pie?

Can I get there on foot?
[kən aɪ get ðər ɒn fʊt?]

¿Puede mostrarme en el mapa?

Can you show me on the map?
[kən ju ʃəʊ mi: ɒn ðə mæp?]

Por favor, deme algo para ...

Please give me something for ...
[pli:z gɪv mi: 'sʌmθɪŋ fə ...]

un dolor de cabeza

a headache
[ə 'hedeɪk]

la tos

a cough
[ə kɒf]

el resfriado

a cold
[ə kəʊld]

la gripe

the flu
[ðə flu:]

la fiebre

a fever
[ə 'fi:və]

un dolor de estomago

a stomach ache
[ə 'stʌmək eɪk]

nauseas

nausea
['nɔ:sɪə]

la diarrea

diarrhea
[daɪə'rɪə]

el estreñimiento

constipation
[kɒnstɪ'peɪʃn]

un dolor de espalda

pain in the back
[peɪn ɪn ðə 'bæk]

un dolor de pecho	**chest pain** [tʃest peɪn]
el flato	**side stitch** [saɪd stɪtʃ]
un dolor abdominal	**abdominal pain** [æb'dɒmɪnəl peɪn]

la píldora	**pill** [pɪl]
la crema	**ointment, cream** ['ɔɪntmənt, kriːm]
el jarabe	**syrup** ['sɪrəp]
el spray	**spray** [sprɛj]
las gotas	**drops** [drɒps]

Tiene que ir al hospital.	**You need to go to the hospital.** [ju niːd tə gəʊ tə ðə 'hɒspɪtl]
el seguro de salud	**health insurance** [helθ ɪn'ʃʊərəns]
la receta	**prescription** [prɪ'skrɪpʃn]
el repelente de insectos	**insect repellant** ['ɪnsekt rɪ'pelənt]
la curita	**sticking plaster** ['stikiŋ 'plastə]

Lo más imprescindible

Perdone, ...

Excuse me, ...
[ɪk'skjuːz miː, ...]

Hola.

Hello.
[həˈləʊ]

Gracias.

Thank you.
[θæŋk juː]

Sí.

Yes.
[jes]

No.

No.
[nəʊ]

No lo sé.

I don't know.
[aɪ dəʊnt nəʊ]

¿Dónde? | ¿A dónde? | ¿Cuándo?

Where? | Where to? | When?
[weə? | weə tuː? | wen?]

Necesito ...

I need ...
[aɪ niːd ...]

Quiero ...

I want ...
[aɪ wɒnt ...]

¿Tiene ...?

Do you have ...?
[də ju hɛv ...?]

¿Hay ... por aquí?

Is there a ... here?
[ɪz ðər ə ... hɪə?]

¿Puedo ...?

May I ...?
[meɪ aɪ ...?]

..., por favor? (petición educada)

..., please
[..., pliːz]

Busco ...

I'm looking for ...
[aɪm ˈlʊkɪŋ fə ...]

el servicio

restroom
[ˈrestruːm]

un cajero automático

ATM
[eɪtiˈem]

una farmacia

pharmacy, drugstore
[ˈfɑːməsi, ˈdrʌgstɔː]

el hospital

hospital
[ˈhɒspɪtl]

la comisaría

police station
[pəˈliːs ˈsteɪʃn]

el metro

subway
[ˈsʌbweɪ]

un taxi	**taxi** ['tæksi]
la estación de tren	**train station** [treɪn 'steɪʃn]

Me llamo …	**My name is …** [maɪ 'neɪm ɪz …]
¿Cómo se llama?	**What's your name?** [wɒts jɔː 'neɪm?]
¿Puede ayudarme, por favor?	**Could you please help me?** [kəd ju pliːz help miː?]
Tengo un problema.	**I've got a problem.** [av gɒt ə 'prɒbləm]
Me encuentro mal.	**I don't feel well.** [aɪ dəunt fiːl wel]
¡Llame a una ambulancia!	**Call an ambulance!** [kɔːl ən 'æmbjələns!]
¿Puedo llamar, por favor?	**May I make a call?** [meɪ aɪ 'meɪk ə kɔːl?]

Lo siento.	**I'm sorry.** [aɪm 'sɒri]
De nada.	**You're welcome.** [juə 'welkəm]

Yo	**I, me** [aɪ, mi]
tú	**you** [ju]
él	**he** [hi]
ella	**she** [ʃi]
ellos	**they** [ðeɪ]
ellas	**they** [ðeɪ]
nosotros /nosotras/	**we** [wi]
ustedes, vosotros	**you** [ju]
usted	**you** [ju]

ENTRADA	**ENTRANCE** ['entrɑːns]
SALIDA	**EXIT** ['eksɪt]
FUERA DE SERVICIO	**OUT OF ORDER** [aut əv 'ɔːdə]
CERRADO	**CLOSED** [kləuzd]

ABIERTO

OPEN
['əʊpən]

PARA SEÑORAS

FOR WOMEN
[fə 'wɪmɪn]

PARA CABALLEROS

FOR MEN
[fə men]

MINI DICCIONARIO

Esta sección contiene 250 palabras útiles necesarias para la comunicación diaria. Encontrará ahí los nombres de los meses y de los días de la semana.
El diccionario también contiene temas relevantes tales como colores, medidas, familia, y más

T&P Books Publishing

CONTENIDO
DEL DICCIONARIO

T&P Books Publishing

tiempo (m)	**time**	[taɪm]
hora (f)	**hour**	['aʊə]
media hora (f)	**half an hour**	[hæf ən 'aʊə]
minuto (m)	**minute**	['mɪnɪt]
segundo (m)	**second**	['sɛkənd]
hoy (adv)	**today**	[tə'deɪ]
mañana (adv)	**tomorrow**	[tə'mɔːroʊ]
ayer (adv)	**yesterday**	['jɛstədeɪ]
lunes (m)	**Monday**	['mʌndɪ], ['mʌndeɪ]
martes (m)	**Tuesday**	['tuːzdɪ], ['tuːzdeɪ]
miércoles (m)	**Wednesday**	['wenzdɪ], ['wenzdeɪ]
jueves (m)	**Thursday**	['θɜːzdɪ], ['θɜːzdeɪ]
viernes (m)	**Friday**	['fraɪdɪ], ['fraɪdeɪ]
sábado (m)	**Saturday**	['sætədɪ], ['sætədeɪ]
domingo (m)	**Sunday**	['sʌndɪ], ['sʌndeɪ]
día (m)	**day**	[deɪ]
día (m) de trabajo	**working day**	['wɜːkɪŋ deɪ]
día (m) de fiesta	**public holiday**	['pʌblɪk 'hɑːlɪdeɪ]
fin (m) de semana	**weekend**	['wiːkɛnd]
semana (f)	**week**	[wiːk]
semana (f) pasada	**last week**	[læst wiːk]
semana (f) que viene	**next week**	[nɛkst wiːk]
por la mañana	**in the morning**	[ɪn ðə 'mɔːnɪŋ]
por la tarde	**in the afternoon**	[ɪn ði æftə'nuːn]
por la noche	**in the evening**	[ɪn ði 'iːvnɪŋ]
esta noche (p.ej. 8:00 p.m.)	**tonight**	[tə'naɪt]
por la noche	**at night**	[ət naɪt]
medianoche (f)	**midnight**	['mɪdnaɪt]
enero (m)	**January**	['dʒænjʊərɪ]
febrero (m)	**February**	['fɛbrʊərɪ]
marzo (m)	**March**	[mɑːtʃ]
abril (m)	**April**	['eɪprəl]
mayo (m)	**May**	[meɪ]
junio (m)	**June**	[dʒuːn]
julio (m)	**July**	[dʒuːˈlaɪ]
agosto (m)	**August**	['ɔːgəst]

septiembre (m)	September	[sɛp'tɛmbə]
octubre (m)	October	[ɑːk'toʊbə]
noviembre (m)	November	[noʊ'vɛmbə]
diciembre (m)	December	[dɪ'sɛmbə]

en primavera	in (the) spring	[ɪn (ðə) sprɪŋ]
en verano	in (the) summer	[ɪn (ðə) 'sʌmə]
en otoño	in (the) fall	[ɪn (ðə) fɔːl]
en invierno	in (the) winter	[ɪn (ðə) 'wɪntə]

mes (m)	month	[mʌnθ]
estación (f)	season	['siːzən]
año (m)	year	[jɪə]

2. Números. Los numerales

cero	zero	['zɪroʊ]
uno	one	[wʌn]
dos	two	[tuː]
tres	three	[θriː]
cuatro	four	[fɔː]

cinco	five	[faɪv]
seis	six	[sɪks]
siete	seven	['sɛvən]
ocho	eight	[eɪt]
nueve	nine	[naɪn]
diez	ten	[tɛn]

once	eleven	[ɪ'lɛvən]
doce	twelve	[twɛlv]
trece	thirteen	[θɜː'tiːn]
catorce	fourteen	[fɔː'tiːn]
quince	fifteen	[fɪf'tiːn]

dieciséis	sixteen	[sɪks'tiːn]
diecisiete	seventeen	[sɛvən'tiːn]
dieciocho	eighteen	[eɪ'tiːn]
diecinueve	nineteen	[naɪn'tiːn]

veinte	twenty	['twɛntɪ]
treinta	thirty	['θɜːtɪ]
cuarenta	forty	['fɔːtɪ]
cincuenta	fifty	['fɪftɪ]

sesenta	sixty	['sɪkstɪ]
setenta	seventy	['sɛvəntɪ]
ochenta	eighty	['eɪtɪ]
noventa	ninety	['naɪntɪ]
cien	one hundred	[wʌn 'hʌndrəd]

doscientos	**two hundred**	[tu 'hʌndrəd]
trescientos	**three hundred**	[θri: 'hʌndrəd]
cuatrocientos	**four hundred**	[fɔː 'hʌndrəd]
quinientos	**five hundred**	[faɪv 'hʌndrəd]
seiscientos	**six hundred**	[sɪks 'hʌndrəd]
setecientos	**seven hundred**	['sɛvən 'hʌndrəd]
ochocientos	**eight hundred**	[eɪt 'hʌndrəd]
novecientos	**nine hundred**	[naɪn 'hʌndrəd]
mil	**one thousand**	[wʌn 'θaʊzənd]
diez mil	**ten thousand**	[tɛn 'θaʊzənd]
cien mil	**one hundred thousand**	[wʌn 'hʌndrəd 'θaʊzənd]
millón (m)	**million**	['mɪljən]
mil millones	**billion**	['bɪljən]

3. El ser humano. Los familiares

hombre (m) (varón)	**man**	[mæn]
joven (m)	**young man**	[jʌŋ mæn]
mujer (f)	**woman**	['wʊmən]
muchacha (f)	**girl, young woman**	[gɜːl], [jʌŋ 'wʊmən]
anciano (m)	**old man**	['oʊld mæn]
anciana (f)	**old woman**	['oʊld 'wʊmən]
madre (f)	**mother**	['mʌðə]
padre (m)	**father**	['fɑːðə]
hijo (m)	**son**	[sʌn]
hija (f)	**daughter**	['dɔːtə]
hermano (m)	**brother**	['brʌðə]
hermana (f)	**sister**	['sɪstə]
padres (pl)	**parents**	['pɛərənts]
niño -a (m, f)	**child**	[tʃaɪld]
niños (pl)	**children**	['tʃɪldrən]
madrastra (f)	**stepmother**	['stɛpˌmʌðə]
padrastro (m)	**stepfather**	['stɛpˌfɑːðə]
abuela (f)	**grandmother**	['grænˌmʌðə]
abuelo (m)	**grandfather**	['grænˌfɑːðə]
nieto (m)	**grandson**	['grænsʌn]
nieta (f)	**granddaughter**	['grænˌdɔːtə]
nietos (pl)	**grandchildren**	['grænˌtʃɪldrən]
tío (m)	**uncle**	['ʌŋkl]
tía (f)	**aunt**	[ænt]
sobrino (m)	**nephew**	['nɛfjuː]
sobrina (f)	**niece**	[niːs]
mujer (f)	**wife**	[waɪf]

marido (m)	husband	['hʌzbənd]
casado (adj)	married	['mærɪd]
casada (adj)	married	['mærɪd]
viuda (f)	widow	['wɪdoʊ]
viudo (m)	widower	['wɪdoʊə]

| nombre (m) | name, first name | [neɪm], [fɜːst neɪm] |
| apellido (m) | surname, last name | ['sɜːneɪm], [læst neɪm] |

pariente (m)	relative	['rɛlətɪv]
amigo (m)	friend	[frɛnd]
amistad (f)	friendship	['frɛndʃɪp]

compañero (m)	partner	['pɑːtnə]
superior (m)	boss, superior	[bɔːs], [suːˈpɪərɪə]
colega (m, f)	colleague	['kɑːliːg]
vecinos (pl)	neighbors	['neɪbəz]

4. El cuerpo. La anatomía humana

cuerpo (m)	body	['bɑːdɪ]
corazón (m)	heart	[hɑːt]
sangre (f)	blood	[blʌd]
cerebro (m)	brain	[breɪn]

hueso (m)	bone	['boʊn]
columna (f) vertebral	spine, backbone	[spaɪn], ['bækboʊn]
costilla (f)	rib	[rɪb]
pulmones (m pl)	lungs	[lʌŋz]
piel (f)	skin	[skɪn]

cabeza (f)	head	[hɛd]
cara (f)	face	[feɪs]
nariz (f)	nose	['noʊz]
frente (f)	forehead	['fɔːhɛd]
mejilla (f)	cheek	[ʧiːk]

boca (f)	mouth	['maʊθ]
lengua (f)	tongue	[tʌŋ]
diente (m)	tooth	[tuːθ]
labios (m pl)	lips	[lɪps]
mentón (m)	chin	[ʧɪn]

oreja (f)	ear	[ɪə]
cuello (m)	neck	[nɛk]
ojo (m)	eye	[aɪ]
pupila (f)	pupil	['pjuːpl]
ceja (f)	eyebrow	['aɪbraʊ]
pestaña (f)	eyelash	['aɪlæʃ]
pelo, cabello (m)	hair	[hɛə]

peinado (m)	hairstyle	['hɛəstaɪl]
bigote (m)	mustache	['mʌstæʃ]
barba (f)	beard	[bɪərd]
tener (~ la barba)	to have (vt)	[tʊ hæv]
calvo (adj)	bald	[bɔːld]

mano (f)	hand	[hænd]
brazo (m)	arm	[ɑːm]
dedo (m)	finger	['fɪŋɡə]
uña (f)	nail	[neɪl]
palma (f)	palm	[pɑːm]

hombro (m)	shoulder	['ʃoʊldə]
pierna (f)	leg	[lɛɡ]
rodilla (f)	knee	[niː]
talón (m)	heel	[hiːl]
espalda (f)	back	[bæk]

5. La ropa. Accesorios personales

ropa (f)	clothes	['kloʊðz]
abrigo (m)	coat, overcoat	['koʊt], ['oʊvəkoʊt]
abrigo (m) de piel	fur coat	[fɜː 'koʊt]
cazadora (f)	jacket	['ʤækɪt]
impermeable (m)	raincoat	['reɪnkoʊt]

camisa (f)	shirt	[ʃɜːt]
pantalones (m pl)	pants	[pænts]
chaqueta (f), saco (m)	jacket	['ʤækɪt]
traje (m)	suit	[suːt]

vestido (m)	dress	[drɛs]
falda (f)	skirt	[skɜːt]
camiseta (f) (T-shirt)	T-shirt	['tiːʃɜːt]
bata (f) de baño	bathrobe	['bæθroʊb]
pijama (m)	pajamas	[pə'ʤɑːməz]
ropa (f) de trabajo	workwear	['wɜːkwɛə]

ropa (f) interior	underwear	['ʌndəwɛə]
calcetines (m pl)	socks	[sɑːks]
sostén (m)	bra	[brɑː]
pantimedias (f pl)	pantyhose	['pæntɪhoʊz]
medias (f pl)	stockings	['stɑːkɪŋz]
traje (m) de baño	bathing suit	['beɪðɪŋ suːt]

gorro (m)	hat	[hæt]
calzado (m)	footwear	['fʊtwɛə]
botas (f pl) altas	boots	[buːts]
tacón (m)	heel	[hiːl]
cordón (m)	shoestring	['ʃuːstrɪŋ]

betún (m)	shoe polish	[ʃu: 'poʊlɪʃ]
guantes (m pl)	gloves	[glʌvz]
manoplas (f pl)	mittens	['mɪtənz]
bufanda (f)	scarf	[skɑːf]
gafas (f pl)	glasses	['glæsɪz]
paraguas (m)	umbrella	[ʌm'brɛlə]
corbata (f)	tie	[taɪ]
moquero (m)	handkerchief	['hæŋkətʃɪf]
peine (m)	comb	['koʊm]
cepillo (m) de pelo	hairbrush	['hɛəbrʌʃ]
hebilla (f)	buckle	['bʌkl]
cinturón (m)	belt	[bɛlt]
bolso (m)	purse	[pɜːrs]

6. La casa. El apartamento

apartamento (m)	apartment	[ə'pɑːtmənt]
habitación (f)	room	[ruːm]
dormitorio (m)	bedroom	['bɛdrʊm]
comedor (m)	dining room	['daɪnɪŋ rʊm]
salón (m)	living room	['lɪvɪŋ rʊm]
despacho (m)	study	['stʌdɪ]
antecámara (f)	entry room	['ɛntrɪ rʊm]
cuarto (m) de baño	bathroom	['bæθrʊm]
servicio (m)	half bath	[hɑːf bɑ:θ]
aspirador (m), aspiradora (f)	vacuum cleaner	['vækjʊəm 'kliːnə]
fregona (f)	mop	[mɑːp]
trapo (m)	dust cloth	[dʌst klɔ:θ]
escoba (f)	broom	[bruːm]
cogedor (m)	dustpan	['dʌstpæn]
muebles (m pl)	furniture	['fɜːnɪtʃə]
mesa (f)	table	['teɪbl]
silla (f)	chair	[tʃɛə]
sillón (m)	armchair	['ɑːmtʃɛə]
espejo (m)	mirror	['mɪrə]
tapiz (m)	carpet	['kɑːpɪt]
chimenea (f)	fireplace	['faɪəpleɪs]
cortinas (f pl)	drapes	[dreɪps]
lámpara (f) de mesa	table lamp	['teɪbl læmp]
lámpara (f) de araña	chandelier	[ʃændə'lɪə]
cocina (f)	kitchen	['kɪtʃɪn]
cocina (f) de gas	gas stove	[gæs 'stoʊv]
cocina (f) eléctrica	electric stove	[ɪ'lɛktrɪk 'stoʊv]

horno (m) microondas	microwave oven	['maɪkrəweɪv 'ʌvən]
frigorífico (m)	fridge	[frɪdʒ]
congelador (m)	freezer	['fri:zə]
lavavajillas (m)	dishwasher	['dɪʃwɔ:ʃə]
grifo (m)	faucet	['fɔ:sɪt]

picadora (f) de carne	meat grinder	[mi:t 'graɪndə]
exprimidor (m)	juicer	['dʒu:sə]
tostador (m)	toaster	['toʊstə]
batidora (f)	mixer	['mɪksə]

cafetera (f) (aparato de cocina)	coffee machine	['kɔ:fɪ mə'ʃi:n]
hervidor (m) de agua	kettle	['kɛtl]
tetera (f)	teapot	['ti:pɑ:t]

televisor (m)	TV set	[ti:'vi: sɛt]
vídeo (m)	video, VCR	['vɪdɪoʊ], [vi:si:'ɑ:]
plancha (f)	iron	['aɪrən]
teléfono (m)	telephone	['tɛlɪfoʊn]

www.ingramcontent.com/pod-product-compliance
Lightning Source LLC
Chambersburg PA
CBHW070840050426
42452CB00011B/2362